신순애 제4시화집

길의 씨앗을 길러 100편의 시로 결실

미국 국회의사당 앞 정원

을지출판공사

경기도 일영 허브랜드 한국아동문학회 서울인천 경기지회
가을시 낭송회에서 저자 신순애 시인

■ 자서

굴곡을 평면틀에 가둔 나의 분신

백 편의 길을 향한 길 위에 발자국을 남기며 떠난 여로 그 감흥을 때로는 물감으로 시혼을 불태운 편린들을 펼쳐 보이는 흔적들.

하나의 주체성 아래 백태의 문양들을 솔직담백한 색체로 표출해 낸 그림들이다. 즉 질감의 굴곡을 평면틀에 가둔 나의 분신이야말로 즐거이 선택한 길인 것을……

머물 수 없는 이 행진을 나는 오늘도 가고 있는 것이다. 보람찬 사색의 여운이 하도 좋아 시들 줄 모르는 열정을 펜끝에 흘리면서……

바보스런 여운이면 어떠하리. 나 혼자만의 길인 것을. 생명의 끈을 놓을 때까진 이 힘찬 발걸음을 결코 멈추지 않으리라.

2012. 4. 5

아현동 우거에서

난정 신 순 애

예총회관 시예 도예전(시예문학: 2010. 5. 7)

시화 도예전 예총회관 시예협회(2011. 5. 13)

거제도 자연 예술랜드

세계시인대회 한강유람선 시낭송회

백두산 천지 물(김철수 시인 촬영)

한라산 백록담

남해(이 순 시인 촬영)

나이아가라 폭포

중국 조각공원에서

중국 청도 사조골프장에서

디즈니랜드 입구

헐리우드 촬영장 역마차

팜트리(야자수)

디즈니랜드 비둘기집

미국과 캐나다를 통과하는 나이아가라 구름다리 일부

들 꽃

호명산 마주한 강

차 례

필리핀

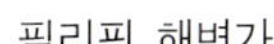
필리핀 해변가

베트남 고무나무꽃

미국 카리코 은광촌

미국 카리코

미국 콜로라도강

한시 : 일중 김충현 / 황매 그림 : 신순애

미국 헐리우드 촬영장 초입

베트남 메콩강 선착장

꽃비 길

유달리 벚꽃 많은
군산 공원 산책길은

꽃비가 쏟아지는
희비의 감회더라

하르르 무너져 내리는
종착역의 간주곡.

그랜드 캐년

윤슬의 길

햇살 속 비추이는
유랑의 물꽃 보네

아무도 꺾지 못할
둥둥 뜬 저 부평초

욕심껏 사르르 걸어
띄우고픈 무지개.

미국 부로크인 다리(父子 2대에 걸쳐 완성된 작품)

붉은 점 모시나비 길

기린초 꽃길 따라
날갯짓 연속이다

샛노란 꽃술 찾아
꽃가루 머금은 삶

지리산
깊은 골짜기
모시나래 바라춤.

부로크인 다리에 세계에서 2번째로 큰 옛날의
북경철선(범선)이 강가에 정박해 있다

백두산 천지 둘레길

하늘이 내려와서
깊숙이 잠겨 있데

발목이 시리도록
차가운 물맛인데

물가에
흰 나비 떼 둥둥 떠
물무늬로 죽어 있데.

필리핀 리잘공원(1994. 8)

지리산 의신골 인동덩굴 길

인동꽃 인동으로
다져진 힘찬 보람

가는 줄기 뻗어 올라
얼기설기 얽힌 밀람

사는 일
절망을 딛고
다시 서는 세찬 바람.

거금도 소세원 해변

보성 녹차 밭길

살짝이 내민 잎새
연두색 작은 떨림

어느 찻잔 머물려나
상념의 끝 어질머리

포름한
물색을 뽑아
잔을 채울 준비운동.

미국 콜롬비아대학 도서관

붓꽃 길

요염이 넘치어서
유혹의 강이련가

허공에 띄워 보는
명필 발원 환영이여

소롯이
안겨드는 곡선
미인도의 품평회.

미국 옥스날드 해변

칡꽃 길

꽃자주 칡꽃 필 때
뇌살시킬 향주머니

벌 나비 모여모여
단물 캐는 꿀주머니

발그레
따끈한 찻잔
밝은 웃음 복주머니.

미국 모아비 사막

가을 길

단풍잎 색자랑에
눈이 부셔 호사한 길

열매마다 살찐 풍요
기다림 거두는 길

믿음 속 기쁨 안겨주는
흙지킴의 농심 길.

미국 시골도시 푸레스토 법원의 정원수 아래 소년동상

찻사발 길

한 모금 목을 축일
찻물 품은 비색 찻잔

높은 열 꽃동굴 속
속속들이 태운 여운

한 줌 흙
도공의 손길에
숨결 고운 예술품.

필리핀 푸에르 토아줄(1994. 8)

옥수수껍질 길

녹색의 겉옷들을
차례로 벗겨내면

연미색 수줍은 듯
속치마 걸쳐 있네

알몸을 살짝 가린 실오리
손길 앞에 떨고 있네.

베트남 시골 오리농장

바지락껍질 길

칼국수 열탕 안에
문고리를 놓친 손길

힘없이 열린 대문
무기력 항변이여

바스락 소리도 없네
허무만이 감도네.

정물 유화 10호

바람 여울목의 노송길

바람이 머무는 곳
늘 시린 발목이었지
여울물 휘돌아서 흐르는 것 세월뿐이랴
균열된 아픔의 깊이
다둑이며 살더라.

허공을 향한 고개
한 점 구름 정이었지
푸르름 사철의 맥 늙은 가지 잎새뿐이랴
도타운 표피의 가슴
나이테만 감더라.

세상 밖 들리는 소리
귀를 막고 지탱하지
호젓한 숲의 여백 올곧은 적막뿐이랴
천년도 한 순간인 양
솔향 품고 웃더라.

군산 철둑길

꽃구경 오라는 듯
친정 부친 제삿날은

올해도 철둑길엔
철쭉 동백 피 토하네

또렷한 평행선 따라
민들레도 끄덕이네.

강둑에 금붓꽃이
너울대던 흔적 없고

해묵은 갈꽃더러
갯벌에 발 묶였네

허전한 철둑 난간은
반추하는 여정이네.

소금강 계곡길

계곡 물 따라 따라
올라서 가노라면

초복날 무더위도
서늘하게 식히더라

숲 속의 적송 향기가
자우룩이 퍼졌더라.

무엇이 그리 급해
달려가는 물마음아

거슬러 오를 수 없는
너의 길을 알고 가니

세상사 되돌릴 길 없네
계곡 물길 나의 길.

둑방길

기다림 염전 속은
느긋해진 물마음 길
새하얀 물꽃 피우려
하늘과 내통하는 곳
밀치고 당겨보는 길
삶을 위한 목숨 길.

염전의 사잇길은
짭쪼롬한 맛소금길
태양열 쏟아 부은
바닷물 말리는 곳
땀이슬 쌓아 모인 길
소금창고 가는 길.

안개 길

안개 낀 구름바다
진부령 고갯길은
희뿌연 구름 속을
헤쳐 가는 천상의 길
시야가 흐려진 순간
두근두근 숨 조였네.

멀리서 바라볼 땐
멋스럽던 하얀 장막
가득히 둘러보니
분간 못할 미로의 길
황급히 벗어나고픈
밝은 세상 참 그립네.

논두렁길

봄 논길엔 자운영이
널브러이 얽혔었지
진분홍 꽃망울이
루비 알로 박혔었지
목울음 나를 잊지 마오
소녀의 절규이지

가을엔 논 둔덕에
가마니 깔고 공부했지
풀빵 한 봉지와
즐거웠던 추억이지
새 떼들 힘껏 쫓아낸
대나무 총 흙탄이지.

황태 덕장 길

나란히 매달린 몸
산바람 마주하고

눈발 속 견디는 삶
얼었다가 녹았다가

쏙 빠진
물기 아쉬워
부릅뜬 눈 바다 꿈.

용암의 길
– 제주도 돌 전시관

정열이 용솟음쳐
바위를 녹이던 날
하늘 땅 놀랜 가슴
숨 고른 순간 전율
돌물이 얽히어 굳은
명품들의 조각상.

길길이 뛰던 분노
막을 수 없었던 날
들짐승 날짐승들
얼마나 뜨거웠으랴
돌속에 가둔 문신들
하나뿐인 절묘상.

활화산 길

목청을 힘껏 열어
길길이 뛰고 있다
항변의 독침들이
천체 향한 비상이다
쳐다만 쬐끔 본다 해도
태워 버릴 자세이다.

접근을 거부함도
용솟음의 방책이다
고고성 날리면서
힘껏 찬 승천이다
불기둥 살아 샘솟는
초고속의 투혼이다.

사화산 길

고요한 정적이
감도는 평온이다
모든 것 수용하는
저변의 확대이다
바람도
쉬어 노는 터
망각의 쉼터이다.

지난날 흔적들이
넌지시 깔려 있다
생과 사 뒤안길도
묵시의 광장이다
체념에
사장된 공간
낙관 박힌 역사이다.

구름 길

구름을 허리에 두른
미시령 절경인데
달무리 속을 거닌 듯
안개 걸린 차창밖은
차가운
미로의 산길
벗어나고픈 일념이데.

멀리서 바라보면
환상의 풍모인데
꼭 한 번 안기고픈
요람의 둥지 밖은
희미한
는개의 나라
답답함이 앞을 서데.

물마음의 길

실개천 졸졸 흘러
낮은 곳 향한 마음
팔 벌린 포용의 정
넓혀 가는 고운 자태
강으로 달려간 철썩임
억만 고개 넘어온 길.

강줄기 도도한 파문
바다로 향한 마음
오대양 육대주는
아득한 하강의 끝
해안선 굽이굽이마다
희석된 넋 포말의 길.

산마음의 길

봄이면 꽃망울들
터뜨리려 애쓰는 힘
여름엔 파란 우산
활짝 핀 녹음 천국
가을은 단풍의 묘미
울긋불긋 색동 길.

겨울엔 눈꽃 세상
하얀 여백의 미
산짐승 후조의 새
저마다의 복음 자리
사계절 뚜렷한 자태
불변함의 숭고한 길.

헬기 비행길

비상을 꿈꾸면서
돌고 도는 프로펠러

대지를 박차면서
떠오르는 왕잠자리
잡풀들
쓰러지면서
바람 앞에 자지러지데.

산맥을 넘고 넘어
이 마을 저 마을로

하계를 내려보며
날갯짓 남쪽으로
드디어
안착의 신호
사뿐 내린 활주로데.

* GOP 뇌종부대에서 용산 미군부대 안착 국방부 초청 중진 문인(6. 25 정책 설명회견).

제주도 노루목 오름길

산수국 보라 꽃술
소중히 받쳐 든 염원

어여쁨 송이송이
가로수로 길을 밝혀
한라산
산자락 축제
넋을 놓고 오르던 길.

자수정 별로 박힌
비단 융단 펼쳐 놓고

가도 가도 이어진 보석
당사실로 곱게 엮어
옷 한 벌
지어 입고
나비춤을 추고픈 길.

한라산 백록담 하산 길

오를 땐 신명나게
아기자기 길섶였네
백록담 밑바닥엔
모서리 조금 고인 물
하늘 끝
수평선 보며
우주 속 나는 점 하나.

하산길 돌밭길은
지루하게 힘겨웠네
한 치의 흙이 없는
돌들의 연결고리
그토록
발 아팠던 기억
두고두고 떠오름 하나.

월악산의 밤바람 길

살갗을 태울 듯한
태양열 잠이 들어
월악산 산자락에
밤바람이 반가워라
달빛이
가로등에 엉켜
별빛마저 내려오네.

문학을 노래하고
인생을 이야기하며
정겨운 한맥 가족
농주잔 흥겨워라
웃음이
저절로 번져
월악마저 잠 못 드네.

대관령 풍차의 길

안개꽃 자우룩이
산허릴 휘감은 자리
한세상 하늘 향한
바람개비 돌고 돌아
산정에 뿌리 내리고
불 밝히는 심지 돋우네

학처럼 목을 늘여
올려보고 내려본 삶
사계절 변하는 산야
그림틀 고운 세상
수화로 포용하는 자태
산보다 더욱 높네.

허난설헌 생가 길

그 옛날 시심으로
일렁이던 푸근한 터
녹차잔 둘러앉은 정감 어린 숨결 모아
세월을 잠시 뒤돌아
더듬어 본 시인의 길.

아담한 마당가의
단풍 든 울타리 속
새빨간 목향장미 저 홀로 타는 열애
늦가을 넘치는 풍요
도타워진 동행의 길.

모국어 품고 사는
신명난 글밭 이랑
면면히 이어져 온 파도타기 흘러온
끝없이 철썩일 파문
지구촌의 부신 빛길.

할머니 생가 길

군산항 뒤로하고 남쪽 무안군 지도면 길로
오 남매 우리 형제 가슴 벅찬 차창이여
조부님 생가를 향한 초행의 나들이여.

제각기 생각의 끝 펼쳐보는 시점인데
천자문 배우던 일 입만 살아 외두던 일
내 나이 희수 넘어 찾는 일가 친척 마을이여.

돌비에 새겨진 글 평산신씨 산허리에
고사리순 목을 늘여 수많이도 널렸어라
후손의 따슨 정 뒤로 운전대에 오른 막내.

이제는 길이 좋아 물어물어 찾아간 섬
조모님 생가 뜰에 오 남매 마주서서
고운 님 옛 모습 더듬어 회상에 잠긴 순간이여.

물안개 피어올라 잔잔한 바닷바람
높은 곳 터를 잡은 정갈한 넓은 마당
해초향 엉기어 부비는 안씨성 섬마을 아버지 외가

군산포 회귀길에 꽃피운 어린 시절
할머니 손길 아쉬움 하도 많아 끝없이라
세월이 너무도 흘러 할머니자리 내 자리.

마라도 가는 길

제주도 연락선이
윤슬 따라 출렁이데
가파도 지나치며
물보라 일으키데

마라도
그 최남단 섬
파릿한 무꽃 눈웃음치데.

작은 몸 물점벙에
둥둥 떠 견디었데
숙명의 끝자락을
응시한 지킴이데

수평선
아득한 둘레
그 뉘 올까 궁금하데.

붉은 연꽃 길 세미원

진흙 속 뿌리박고
물 속을 정화시켜
연두색 우산 양산
받쳐 든 힘찬 줄기

하늘을
가리운 고요
숨결조차 멈추더라.

수박색 융단 광장
촛불을 밝힌 꽃등
합장의 분홍 가슴
거룩한 불심이여

염주알
총총한 연밥
백팔번뇌 아물더라.

흰 연꽃 길

청초한 하얀 곡선
겹겹으로 벙그러져
꾸김도 없는 꽃잎 명주보다 보드란 결
진흙 속 뽑아 올린 고요
이슬 속에 안긴 은하

뉘라서 순백 앞에
죄 될 일 하겠는가
자비로 넘친 미소 삼매경 문전이네
미세한 티끌도 부끄러워
차마 앉질 못하네.

활짝 핀 꽃잎들이
켜켜이 무너지면
진초록 보석함이 연밥으로 돌아온다
알알이 밝힌 사리들
빼꼼하게 내민 질서.

민들레 길

바람 앞
나래 펴서
어디든
올라선다

절벽 위
낭떠러지
옛 성곽
돌 틈 사이

봄이면
귀여운 손짓
숨고르며
날 부른다.

냉이꽃 길

쌀애기 작은 미소
하이얀 꽃송이들
이슬이 반짝이는
애잔한 보물상자

미리내 내려와 깔린
견우 별밭 풀꽃 길.

잡초에 밀려난 듯
다소곳 낮은 음표
무리져 속삭이는
순박한 흙의 여운

직녀별 안개꽃 너울 쓴
초롱초롱 별꽃 길.

봄 개여울 길

쉼 없이 조잘대는
흐름의 연속이여
실눈 뜬 버들개지 눈
두리번 하루 해여

조약돌
동글동글하게
몸 비비는 물살이네.

복사꽃 물거울에
잠겨 있는 볼연지여
물비늘 사운대는
꽃샘바람 맴을 도네

봄 햇살
간지럼거리며
물밑 속을 더듬네.

봄 들길

따스한 햇살 속을
움트는 새싹 세상
여린 손 살몃 들어 펼치려는 크낙한 꿈
봄꽃들 그 화사한 치장
눈부셔라 꽃무리.

환희로 차오르는
꽃송이들 고운 세상
절망을 딛고 서는 심지 부신 희망의 꿈
생명의 질긴 뿌리들
흙김 속의 피돌이.

보리밭 길

무료함 달래주던
고소한 맛 보리 민둥
덜 영근 풋보리 이삭
말랑한 감칠맛 속
할머님 정성이 담긴
좁은 밭길 희미할 뿐.

이제는 보기 힘든
참살이 맛 그날의 혼
오늘도 보리밭 길
더딘 걸음 걷노라면
철없던 도투락 댕기
떠오르는 또렷함 뿐.

보리피리 여운 길

돌각담 너머 너머
아련히 들려 왔었지
보리가 익어가는
계절의 끈을 잡고
나에게 전해 주던 그 소리
보리피리 여운이었지

지금쯤 출렁이던
보리이랑 어디로 갔지
육중한 건물들이
빽빽이 둘러섰고
소식은 없어도 그 사람
흙내음 또렷한 모습이었지.

칠석의 길

별 세상 그쪽에도
이별은 있었다네
견우와 직녀성의
슬픈 사랑 그 너머엔

칠석날 오작교 있어
상봉의 순간이래지.

억만년 흐른데도
변함없는 궤도인데
아득한 천체 속도
밤이 있어 보인다지

달무리 현란한 밤엔
더욱 밝아 보인다지.

한가위 송편길

한가위 명절이면
어김없는 반달이여
면면히 이어져 온
온 국민의 축제더라

운명의 너울을 두른
아련함의 족적이여

쫄깃한 쑥향 가득
정감 어린 손길이여
알뜰히 지켜져 온
온 동네의 잔치더라

한 생애 추석이면 떠오른
새옷 입던 옛날이여.

연초 길

깜빡이며 조여드는
석고의 등대여라
한 송이 진한 핏빛
작은 별꽃으로
어둠을 태워놓고
정을 떠났네

더 높이 오르려
허우적거려도
안개비에 젖은 입술
파르르 떨고
긴 꿈이 끝난 자리
허전도 해라

구름인 듯 바람인 듯
연기의 무리무리
한 모금 품어내고
세상을 본다
동그란 나의 자리도
한 모금 바람.

파꽃 길

민들레 씨를 따라
허공을 날자한들
흙 속의 질긴 인연 차마 뜰 수 없는가
핏줄만 까만 낟알로
방울방울 맺혔네

쭉 곧은 잎새마다
바람으로 채운 동굴
칼끝에 묻어나는 매몰찬 독소 풀어
아 정녕 너는 바보스런
지휘봉의 그리메

너 죽어 내가 사는
인과의 무대 위에
새하얀 독백으로 백혈구만 춤추는가
도시 속 화분을 딛고 선
베란다의 파수꾼.

살살이 꽃길

가을길 꽃등 켜고
가녀린 목 흔들흔들
차창에 어리는 정
넋을 놓고 눈길주네
싱그런 향내 가둔 송이
갈바람에 벙근 길.

얼레는 땅에 묻고
꽃나비로 살랑살랑
진솔이 머물러서
금색실로 얽은 심지
오가는 나그네 발길
잠시 멈출 쉼터길.

* 살살이꽃: 코스모스.

들국화 길

한적한 들이 좋아
들바람에 살으려네
햇살 가득 달빛바라 별모아 살으려네
제자리 변함없는 곳
얼굴 내민 구경 길

허욕이 없음이지
근심도 없음이네
후미진 산허리에 함초롬 서리었네
주어진 분수령 고개
넘어넘어 가는 길.

억새꽃 길

후미진 산모롱길
구름 한 점 머리에 이고
목 늘여 기다림에
지쳐 버린 갈바람 속

서걱한 잎새들끼리
갈증으로 야위네.

행여 뉘 올 듯하여
반기려는 몸짓인가
흔들어 허둥대는
하루해도 짧은 것을

억세게 그 자리 서서
수은등을 밝히네.

갈대꽃 길

갈바람 불 때마다
파장치는 물결이여
서걱이는 잎새마다 갈꽃 피워 올려보며
날아든 철새 떼 품어
갯벌 위엔 잔치 길.

갈대꽃 뽑을 때마다
발돋움 옛날이여
미끈한 갈꽃마다 방비로 쓸어보며
뽐내던 시절도 있어
던져져 간 아쉬운 길.

낙엽 길

혈관이 고갈될 때
점화된 넋이런가

태우며 떠난 자리
불꽃 흔적 바람이네

구르는 소리도 없이
가벼움의 공허뿐.

저항의 힘을 잃어
발끝에 채이는가

부서져 먼지 되어
사방으로 흩어지네

푸르른 젊은 날의 회한
화려함의 잔영뿐.

세숫비누의 길

손안에 곱게 비벼
거품 구름 피워놓고

흰 구름 한 자락을
온몸에 둘러본다

소나기 몇 줄금 속에
해맑아진 자태여.

제 몸을 갉아가며
조여드는 멋에 살고

한 생애 표백길을
두 손 모아 맞이한다

날마다 하늘과 땅 사이
넘나드는 거울이여.

상고대의 길

빙점의 산마루에
투명한 얼음꽃들

나목의 가지마다
만개한 절정이여

거듭난
인동의 세월
녹지 마라 눈물꽃.

숯가마 길

텅텅 빈 가슴속에
바람만 일렁였지
꼭꼭 찬 나뭇등걸
산 하나 품었었지
활활 탄 불길 속 너머
참숯더미 돌아왔지.

열렬한 불꽃 자락
뜨거움 숙명이지
실실히 펼 수 없는
서러움도 접었었지
캄캄한 잿더미 속에
사리 닮은 빛 토하지.

칠불사 가는 길

시원한 장맛비 속
차창에 어리는 풍경
평사리 공원 지나
악양정 덕은나루터
섬진강
강줄기 따라
사공 없는 화개나루터

지리산 팔베개 너머
국사암 바라보며
칠불사 도착한 감흥
칠 형제 성불 흔적
아자방
문전 합장의 길
백수련 섬이 된 연못터.

＊2010. 7. 10~11 하동 전국문인대회(七佛寺, 亞字房).

청송 야송미술관 가는 길

병풍을 펼친 듯이
산과 들 녹음 세상
가도 가도 푸르름 속
끝없는 절경이여
톡 쏘는
진보 신촌 약수탕
넘나드는 힘찬 분출.

솔향에 취한 먹향
야송님 백학 되어
백발앞 청송바람들
엉기어 나부끼고
청청한
예지의 모습
미술관의 한 그루 백송.

* 야송: 이은좌 한국화가 수필가 솔그림 일품.

비무장지대 사라진 길

포성이 어우러진
공포의 자취인가

피어린 동족상잔
한 맺힌 분노의 땅
육십 년
세월의 억움함을
녹슨 철조망 알겠지.

다시는 그런 날이
없기를 소망인가

묵시의 잡초만이
번져나간 허무의 땅
조국애
국군의 비목
저 휴전선은 알겠지.

주목의 길

높은 산봉우리에
한 그루 거목인가

깊숙이 뿌리내린
웅장한 저 자태여

살아서 천년 죽어 천년
하늘 바라 목불의 길.

가지 끝 구름 달고
무슨 사념 건지는가

천체를 불러 모아
불심의 설법이여

홀로이 창공을 향한
도살풀이 춤사위 길.

느티나무 길

마을 어귀 거목으로
녹음 우산 넓게 드려
찾는 이 품어 안아
쉼터로 치장하네
크낙한
안식의 그늘
반석 위의 수호신.

머물다 떠난 길손
수많이 남긴 사연
만 갈래 명암의 길
늙은 등걸 고였겠네
귓전에
맴돌던 소리
모두 거둔 불사신.

버즘나무 길

버즘이 덕지덕지
잿빛 얼룩 연노란색
명함 판 훈장들이
온 몸통 감고 돌아
가려움
어찌 참을까
시원스레 긁어줄까.

가로수 매연 길가
반만 붙은 가죽비늘
오염된 시어들이
빼꼼히 스민 기둥
장맛비
화살로 꽂힐까
전신 마찰 시원할까.

* 버즘나무: 플라타너스.

은사시나무 길

명주올 여린 바람
살몃 스친 떨림이여
잎새들 파장치는 품
돌고 도는 바람개비
세월에 기댄 바쁜 몸
멈출 수가 없나 봐.

멀리서 바라보면
더 잘 뵈는 은사시여
새하얀 가녀린 품
팔을 올린 잔가지들
겨울 날 헐벗은 맨몸
또렷한 저 은손짓 봐.

겨울 은행나무 길

치렁한 금빛 치장
남김없이 떨군 빈 몸

혹독한 눈발 맞아
견디는 힘 아련함은

앙상한 뼈마디마다
실핏줄의 흐름이여.

겨울 등산길

흰 눈길 사각사각
조심스레 오르는 길
온 세상 눈꽃으로
참 깨끗한 그림이네
정상에 올라 내려다보니
나도 그만 백로지.

고단한 삶의 자락
눈 속에 묻어 두고
따끈한 커피향 속
둘러앉은 산악인 정
섬으로 둥둥 떠오른
순백색의 화선지.

겨울 산죽 길

함박눈 이불 삼아
포근한 잠자린가

목화솜
비집고서
푸른 절개 선명 창틀

시들 줄
모르는 댓잎 화음
청빈 품세 전시회.

구음시나위 길

슬픈 넋 위로함인가
굽돌아 뿜어내는 숨
끊어질 듯 이어지는
한의 끈 마디마디
뼈울음
앞을 가린 고요
가슴 아린 애모의 강

서러운 혼 달래렴인가
허공에 뜬 날개 선율
지평선 끝은 멀어
회심곡 가락은 어디
지층을
가르는 저력
나도 모를 애잔의 산.

국악 가곡 여창 지름길

단정한 매무새로
단전의 기를 모아
힘껏 올려뽑는
청아한 높은 음절
바위산
단숨에 넘어
강물도 멈추는 듯.

「바람은 지동치듯 불고
궂은비는 붓듯이 온다」
속청을 곱게 뿌려
숨고르는 정신 세계
끊길 듯
다시 서는 음색
아름다움 극치인 듯.

처용무 길

오인방 얼굴 가린
탈춤의 궁중무여

흰 한삼 뿌려가며
절도 있는 춤사위여

다섯색 청 홍 황 흑 백
겹을 주는 힘찬 동작.

태평무 길

모란꽃 벙그는 뜰
바람개비 나비 나래

승전고 울리는 북
태평문 활짝 열고

온 천하 누리는 희열
쌍무지개 뜨는 궁궐.

섬유공예 길

수틀에
어리는 색실
한땀 한땀 넓히는 보람

나리꽃
주황 꽃술이
한들대는 바람 앞에

날아든
호랑나비가
어우르는 한국화.

염색공예 길

새하얀
실크 비단
피어나는 꽃송이들

환상의
어울림이
텃밭으로 어여뻐라

온 세상
단 하나뿐인
보드라운 내 목도리.

목공예 길

향나무 목판 위에
예리한 조각끌 춤

벽걸이 애장품이
태어나는 요술의 춤

손끝에 원하는 문양
바라보는 흥겨운 춤

배나무 딱딱한 결
힘든 어깨 아픔의 춤

연하고 순할수록
보드라운 즐거운 춤

골고루 목질 따라서
달래가며 가꾸는 춤.

마포나루 황포 돛배길

목선에 올라 앉아
물오리로 흘렀어라

쌍돛대 낭만 실어
옛 정취 훔쳤어라

빌딩 숲 유리창마다
황포그림 스쳤어라.

가로등 이어진 강변
한강물 줄기 따라

도도한 흐름 앞에
뱃머리도 느긋해라

바람 앞 황포 앞세운
저어가는 길이어라.

* 황포 돛배 승선 초청의 날(마포구청).

자화상의 길

나는 전생에
한 송이 들꽃으로
바람에 흔들거리고
비에 젖어 살았나 봐
한 세상 꽃과의 인연
떨칠 수가 없을 뿐.

길가의 후미진 곳
한 송이 풀꽃에도
넋 놓고 바라보는
설레임을 어쩔거나
날마다 꽃과 마주한 삶
저절로 웃을 뿐.

꽃들은 순수함 속
아름다움 절묘하고
오묘한 질서 행렬
그자리 지키나 봐
평온함 안겨주는 향내
자연의 선물일 뿐.

외길 인생 희수의 길

기쁠 희 목숨 수가
어리둥절 시점이데
나 아닌 내가 있어
쏜살같은 번개더라
부끄럼 앞을 서는 자리
어색해진 연출이데.

흥겨운 웃음바다
흐느적 몸짓인데
다짐한 처세술도
모두가 꿈이더라
눈보라 헤쳐온 걸음
자욱마다 미련이데.

* 2010. 5. 7 예총회관 한국시예협 시화 도예전 후백 황금찬 고문님 모시고 신국현 회장님과 여러 문인들이 축하마당.

아현동 오르막길

아현동 뿌리 내린 제이의 고향이다
한 자리 지침으로
삼십오 년 오르막길
곰삭은 숨결이 모여 마주보면 모나리자.

장마철 빗줄기가 또르르 굴러간다
멈출 수가 없다면서
힘차게도 달려간다
미친 듯 하강의 너울 육자배기 한을 풀자.

튕기는 물보라가 물가루로 흩어진다
쓸려간 먼지무리
하수구 돌팔구로
화들짝 해 뜨는 날엔 반짝이는 길을 걷자.

대전 현충원 길

엄숙한 비석거리
애국애족 진실한 길

뉘라서 그대들을
회상케 하리요

한 치 땅
사수하려는 충정
역사 앞에 빛난 훈장

그 어느 날이 되랴
남편 곁에 나 묻힐 길

홀로 된 서른여덟
눈물나게 살았지요

아들 딸
행여 허기지랴
앞만 보고 달려온 길.

두멧길

외갓집 두멧길은 치마폭 산자락길
돌계단 굽이굽이
김해김씨 집성촌락
단 한번 육이오 피난 때 찾아가 본 군둔리

내 나이 희수 지난 오 남매 우리 형제
옛 추억 더듬으며
다시 찾은 그 마을엔
놀랐네 산동네 간 곳 없고 대밭으로 얽힌 뿌리

댓잎들 수런대는 울창한 녹색지대
비집고 겨우 찾은
흔적 없는 옛 집터엔
옹달샘 굳건히 지킨 반가움의 샘터 자리.

* 군둔리: 백제 때 백제 군인들이 주둔했던 곳으로 앞산 위 봉수대에서 봉화를 올리면 부여에 도착.

고향 길

군산시 고향 길은
푸근한 정든 길 뿐
골목마다 서린 자욱
먼 옛날 흔적들 뿐

영원한
삶의 메아리
피어오른 열망 뿐.

시혼의 발화지점
분수처럼 솟았을 뿐
미친 듯 품어온 끼
구름 문전 궁금할 뿐

두둥실
떠다니면서
꽃비로 앉을 방석일 뿐.

강둑 길

황토밭 한참 지나
허허벌판 들꽃 꺾어

한 줌 가득 움켜쥐고
강가로만 달렸었지

도도히 흘러만 가는
금강줄기 강둑 길.

지금도 찾는 꿈길
고향 뜨락 정은 깊어

마을 전체 내어주고
화력발전 웅장했지

흔하던 들꽃더미 끝
강둑 길은 없어진 길.

비슷한 흐름의 길

선비의 서슬 퍼런 한학자 훈장 어른
엄하고 단정하신 묵향 속의 할아버지
장보고 뒤를 이으려 배 두 척 한때 선주

세상에 태어나서 제일 존경 나의 지침서
근면과 자애로움 현명하신 내 할머니
바르게 처세술 훈화 항시 보이셨지

대장부 기질 닮아 넉넉한 품 여장부여
한국전 피난민들 선두지휘 식사제공
잔칫날 찾아온 듯이 우리 집안 바쁜 손길

외양간 곁에 세운 마부간 훤칠한 말
아버지 나들이엔 백구두 정장으로
말안장 올라 앉아서 고삐 잡던 멋진 모습

조부님 선비 기질 조모님 근면 성실
어머니 그림 솜씨 아버지 멋을 닮아
한평생 나는 참 잘난 듯 멋을 내며 살 수밖에.

* 군산구암초등학교에 임시 피난민 수용소 있었음.

갯붓꽃 길

갯벌밭 길언덕에 갯붓꽃 파리한 볼
오롯이 너울칠 때
작은 손 가득 꺾어
남모를 희열에 젖어 설레이던 소녀 적 길

지금은 자취 없는 갯붓꽃 옛날의 꽃
안동네 깔밭탕에
쪽빛으로 밝히던 날
소금끼 젖은 잎새마다 희뿌연색 역력한 길.

* 안동네 깔밭탕: 옛날 갈대밭 갯마을 이름이며, 어쩌다 갯물이 들어오는 날이면 바가지가 둥둥 떠내려 갔음.

문무대왕릉의 길

호국의 혼불 되어
동해를 태우는가

망망한 바다 큰 파도
해안선을 적시는가

물보라 그 세찬 포말
바둑돌 깎는 물칼인가.

＊수중왕릉: 경북 월성군 양북면 봉길리(대본 삼리) 앞바다.

대왕바위 길
- 문무대왕 왕비무덤

육지에 나란히 둘
함께 묻힐 인연인데
떨어져 물살끼리
전하는 숨결이여

목숨 건
빼앗길 수 없는
영역 안의 바위여.

방풍초 순백 꽃잎
올려보며 달랜 시름
수난의 수레바퀴
지쳐버린 상처들이

모래틈
울기공원 안
귀를 주는 바람이여.

상족암의 길

어슬렁 어슬리며
방금 딛고 떠나간 듯
또렷한 공룡의 흔적
물만 가득 고여 있다

먼 옛날
영상이 다시 살아
숨을 쉬는 마당 바위.

친구여 저 거대한
해변의 문고를 보라
첩첩이 쌓인 서적
누구의 손길인가

온 세상
사람들을 몰고 와
다 읽혀도 남을 책.

* 경남 고성 하이면 한려수도 변에 상족암(床足岩)이라는 기암괴석 그리고 천연동굴이 있고 그 앞 해변에 공룡의 발자국이 있어 세계적 공룡 흔적의 하나이며 주변 경치가 절경이다.

오석 비둘기 길

만삭의 오석 비둘기
내 품에 안기던 날
탐석차 모인 문우들
부러움의 눈빛으로
두 어깨 들썩여 웃던
그런 날은 또 올까.

여주땅 강기슭이
비둘기 고향인데
십여 년 지났어도
몸 풀 생각 전혀 없네
그녀의 돌고집 속성
견줄 수가 있을까.

산사의 돌탑 길

먼 옛날 잘 다듬어진
어느 석공 솜씨런가
적막이 스며들어
지층 뚫은 견고함이
층층이 피가 돌고 돌아
저 온몸의 뜨거움.

법문에 귀를 열어
흔들림을 모르는가
날마다 향불 연기
흑태로 돋아나서
애련함 허공에 띄운
억겁으로 향한 무적

오는 이 가는 이의
발자국 들리는가
아는 듯 모르는 듯
묵언 속의 참선이여
합장의 숙인 고개가
나도 잠시 탑이 된다.

돌각담 길

허술한 잡석 모아
저들끼리 몸 비빈다
뭉치려 당기는 힘 강력 자동 접착제
샛노란 호박꽃 초롱
돌담 위에 숨바꼭질.

애호박 대롱대롱
매달린 넝쿨마다
벌 모아 꿀을 따는 황금등촉 불꽃축제
진초록 그물망 두른
튼튼한 담 딸꾹질.

땅의 길

할머님 한 생애는
흙김 속을 누비셨지
날마다 호미끝은
밭고랑을 뒤척였지
근면한 손놀림의 세상
다 닳아진 지문이지

생명의 원천으로
늘 감사한 대지였지
풍성한 수확으로
기쁨의 본향이지
땀 흘린 보람의 환희
농민만이 알 수 있지.

하늘의 길

차마고도 전설의 길
하늘벽에 걸린 길은

마방들 땀방울로
다져진 산모롱길

하늘과
숨고르는 곳
내려보면 아득한 절벽.

적도의 길

활화산 불기둥이
허공을 태운 자리

사화산 정적의 땅
잿빛 흔적 옥토되어

장수촌
잉카의 마을
옥수수 콩 재배 이랑.

펭귄들 노는 길

귀엽게 뒤뚱뒤뚱
미골을 흔드는가
줄 따라 오고 가고
뭐 그리 바쁜 걸까
무리져 노는 곡마당 풍경
넘어지고 뒹굴고

앞으로 뒤뚱뒤뚱
꼬리별 춤추는가
형 따라 쉬고 걷고
근심 없는 세상일까
장애물 낭떠러지 앞
휙 돌아서고 도망 가고.

모하비 사막 길

서부인 강인함이
모래밭에 널려 있다

들판과 들판 사이
너무 멀어 끝이 없다

산들은 석회의 앙금으로
암갈색의 커피다.

샌프란시스코의 길

도시의 거리마다
세계건축 설계도 미
저마다 솜씨 자랑
앞세운 문패여라
어울림 특색구조 균형
전시장의 호기심.

집시들 치맛자락
나풀대는 넝마 가련미
특색의 골목 군상
감탄사의 경이여라
태평양 몰려든 바람
구경꾼의 경계심.

에티오피아 언덕길

커피향 짙은 내음
뭉게구름 피우는 길
커피 잔 마주한 입술
물들었네 짙은 밤색
커피 빛 닮은 여인들
알알이 따는 바쁜 손길.

커피향 원천으로
지구촌을 흔드는 길
무서운 바람인가
유랑의 강 구릿빛 색
이제는 멈출 수 없는
식후 한 모금 중독의 길.

알래스카 빙하길

거대한 설국의 땅
겹겹 쌓인 석고상 덩이

태초에 정박된 삶
바깥세상 보고 싶어

서서히
녹아내리는 울타리
추락하는 물의 산실.

가로수 고무나무꽃 길
- 베트남

큰 나무 가지마다 진초록 도톰한 잎
마음껏 올려보는
햇살 가득 반기는 님
지열 올 퍼올리는가 청자비단 꽃받침

사철 무더운 날 여러 송이 꽃묶음아
가슴속 이글대는
사념 흠뻑 벙그는 님
향기 올 퍼올리는가 향내 가득 꽃가닥.

디즈니랜드 비둘기 길

어린이 구경터에
어른인 내가 섰네

멋스런 둥지 향한
드나드는 날갯짓들

평화의
상징이어라
그네들의 일상은.

역마차 길

- 헐리우드 촬영장

뉘 타던 역마차냐
말발굽 소리소리

말고삐 움켜쥔 손
마부는 간 곳 없고

바퀴만
덜렁 굳어 있네
지난 흥취 그리운 듯.

그랜드 캐년 길

태곳적 신비의 본적
켜켜이 올린 계단

갈라져 드러난 골격
인디언들 삶의 자국

천만 길
아득한 절벽
유유한 강물 몸부림치네.

나이아가라 폭포 길

물끼리 모였어라
물세상 여기더라

물안개 피어 올라
물무지개 걸리더라

물보라
물결위에 사운대더라
물폭포 소리 드높더라.

발아(發芽)

긴 동굴 속을
용틀임으로 요동을 쳐
고개를 든다.

허물 벗은 아픔을
단전에 기 모아
어둠을 뚫고
불모지를 향하는가.

이제 주어진 박토 위에
약속한 밀어들이 뿌리 내리고
아 마디마다 토해 내는 내 노래여.

흐린 날 운명의 사다리를
힘껏 부여잡고
뛰어넘는 곡예사의 나팔소리에
어디까지 오를지 나도 몰라라.

그 어느 분점을 가로질러
달려가는 축지법을 나는 모른다.

아득한 날에
예리한 조각칼로
문신을 새긴다 해도
의연한 거목으로
나이테를 감으리.

Burgeoning

I straighten up my head,
Letting out a big burp
As in a lengthy eave;

As if I wave to
A waste land of darkness,
Tightening up the abdomen to beat
The painful reshaping of out-look.

But I am aware of my words
As rooted in the land of no resources.
And they are ready to be sung of every word.

I am not, however, sure of where
I end up, holding a ladder of destiny
On a certain day of darkness, though
A trumpet of acrobat is clearly heard;

As I do not know how to shorten
Length of distance by cutting across somewhere.

I would live on like a prestigeous tree
Never missing regular annual rings,
In spite of tatooes cut in with
A sculptor's sharp knife
On a day of no promise.

백두산 천지

신순애 작사
이문주 작곡
금고동 노래

신 비 가 너 울 대 ㅡ 는 하 늘 빛 배 경 의 ㅡ 터
mp cresc.
f cresc.
꼭 한 번 먹 고 싶 ㅡ 던 갈 ㅡ 증 의 물 맛 이 ㅡ 여
깊 이 를 알 수 없 ㅡ 는 비 취 거 울 잠 겨 있 ㅡ 네

독 도
신순애 작사
이문주 작곡
김성훈 노래
♩=96
아 득 한 수 평 선 ㅡ 을 숙 명 으 로 이 어 받 ㅡ 아
온 몸 을 삼 킬 듯 ㅡ 이 덮 쳐 오 는 파 도 앞 ㅡ 에
물 밑 에 트 인 길 ㅡ 로 오 고 가 는 핏 줄 의 ㅡ 정
스 스 로 지 탱 하 ㅡ 는 강 인 ㅡ 한 심 장 이 ㅡ 다
물 방 울 털 어 내 ㅡ 며 투 지 력 의 연 속 이 ㅡ 다
울 릉 도 형 을 바 ㅡ 라 외 쳐 보 는 안 부 여 ㅡ 라
작 은 듯 크 나 큰 문 패 목 숨 걸 고 지 킬 뿐
마 음 을 놓 을 수 없 는 긴 장 감 의 박 동 뿐
외 로 움 바 위 에 새 겨 들 꽃 들 을 피 운 뿐

가을 하늘

신순애 작사
이정순 작곡
김지현 이하림 노래

■ 후기

누구나 문밖에 나서면 길을 걷는다. 나 역시 종아리에 쥐가 나도록 신난 발걸음들의 자취를 한 묶음 꽃다발로 덩그러니 길 위에 올려놓고 보니 일렁이는 그 향기가 어디까지 오를지 궁금할 뿐.

다양한 취미의 생활로 산이 좋아 전국의 산을 오르고 한시 칠언율시, 국악, 그림, 무용, 목공예, 염색공예, 섬유공예, 도예, 탐석 등 종합예술의 보고 속에 매료된 보람찬 날들의 즐거움을 어디에 비하랴……

돌아보면 탄탄 큰길과 자갈밭의 여운이 떠올라 이제는 담담한 표정으로 안도의 큰 숨을 내뿜을 뿐.

후회 없는 삶을 나름대로 누려본 것 같아 평온한 심정이다. 욕심은 근심을 부르는 것, 이제 내 무슨 허욕이 있겠는가. 다만 흐뭇한 미소를 남기면서……

네 권의 시집을 내리 곱게 꾸며 주신 을지출판공사 윤해규 사장님께 감사한 마음 오래도록 간직할 뿐.

■ 申順愛 시인

- 아호 蘭亭
- 군산 출생
- 군산구암초등학교 1회 졸업
- 군산여자상업고등학교 1회 졸업
- 방송통신대 · 홍대미술교육원 유화 수료
- 한국상업은행 군산지점 근무(전)
- 한국문인협회 문인권익옹호위원 · 국제펜클럽 회원
- 한국여류시조문학회 회장 역임
- 한국아동문학회 운영위원
- 지구문학작가회 · 한맥문학회 자문위원
- 군산여류문학회 고문
- 한국여성문학회 · 자유시인협회 이사
- 대한민국 무공수훈자회 · 유족회 마포구 회장

■ 저 서

시조집 「노을에 타던 강」(1981), 「향촌의 목가」(1985)
「반딧불의 밀회」(2004)
동요집 「조롱박」(1985)
시화집 「술패랭이꽃」(1993), 「사랑초꽃」(2002)
「버섯의 향기」(2007)

■ 수 상

통일문학상(1991), 신문예협회 문학상(1995),
세계시가야금관왕관상(2007), 전라시조문학상(2007)
한국불교문학대상(2009) 외

■ 주소 : 서울특별시 마포구 아현2동 659-3
우편번호 : 121-861
Tel: 02) 362-0228 H.P: 010-9610-0228

저자와의
협약으로
인지생략

신순애 제 4시화집

길

초판 발행 2012 년 4 월 20 일

지은이 | 신 순 애
펴낸이 | 윤 해 규
주 간 | 김 효 열
편집장 | 김 경 희
펴낸곳 | **을지출판공사**

등록번호 | 제 2-741 호
등록일자 | 1985 년 2 월 14 일
주 소 | 서울시 마포구 양화로6길 27-5(서교동) 301호
우편번호 | 121-840
전 화 | 02) 334-4050 · 4090
팩시밀리 | 02) 334-4010
E mail : ejp4050@hanmail.net

값 15, 000원

* 잘못된 책은 바꿔 드립니다.

ISBN 978-89-7566-134-1 03810